AF243460

L42
b
989

42
Lb 989.

LIBERTÉ.   ÉGALITÉ.

ÉCOLE
DU CANTON DE LIANCOURT.

FÊTE
DE LA JEUNESSE.

DISCOURS du citoyen CROUZET, Directeur de l'École nationale de Liancourt, avant le couronnement des Élèves.

CITOYENS administrateurs, jeunes élèves de la Patrie, citoyens assemblés pour la célébration de cette fête républicaine,

C'est dans le printemps que les lois de la République ont placé la fête de la jeunesse, parce qu'alors la nature elle-même, rajeunie, se pare de tous les charmes de cet âge, et s'environne de tout l'intérêt qu'il inspire. La terre reçoit une existence nouvelle, et reprenant sa robe de verdure émaillée des plus riches couleurs, sourit à tous les êtres qui l'habitent. Tout renaît dans les champs et les vergers ; tout nous plaît, nous enchante et nous ravit, parce que tout offre à nos yeux le présage de la fertilité, l'espoir naissant d'une heureuse abondance.

A

Il en est ainsi de la jeunesse : ce n'est pas seulement par sa fraîcheur et ses agrémens qu'elle charme nos regards. Savez-vous, jeunes citoyens, pourquoi votre âge nous intéresse? c'est qu'il nous offre pour l'avenir de douces espérances. Voyez ce jeune arbrisseau qui se couvre de fleurs ; l'éclat passager de sa parure, la douceur des parfums qu'il exhale, ne sont pas les seules causes du plaisir que nous ressentons à sa vue; il en est une qui nous le rend plus cher encore, c'est que ces fleurs sont les promesses de ses fruits. Le cultivateur, dont il n'a jamais trompé l'attente, le considère avec une tendre affection, et jouissant d'avance de la récolte qu'il annonce, se dit à lui-même : *Il me récompensera de mes soins et de mes peines.* L'arbre, au contraire, qui ne présente aucune apparence de fertilité, ou qui n'étale tous les printemps qu'un vain luxe de fleurs stériles, attire sur lui les dédains et la juste aversion de l'agriculteur; déjà même on le promet au tranchant de la cognée, et bientôt on le proscrira du verger qu'il déshonore et dont il absorbe inutilement la substance.

Nous éprouvons les mêmes sentimens à l'égard des individus de votre âge : ce jeune homme dans lequel commencent à se développer les heureux germes des talens et des vertus, quel sentiment d'amour et de bienveillance il inspire à tous ceux qui l'approchent! On se dit en le voyant, *ce sera quelque jour un citoyen vertueux, peut-être un homme illustre, au moins un homme utile;* sa famille, ses voisins, ses supérieurs, s'empressent de le serrer dans leurs bras ; sa vue réjouit les vieillards et les fait pleurer d'attendrissement ; les pères le montrent à leurs enfans comme un modèle, et les mères envient le bonheur de celle qui l'a porté dans son sein.

Quelle différence entre cet aimable jeune homme et celui qui ne laisse apercevoir que des vices, et qui fait passer à ses parens des jours amers et des nuits cruelles ! On ne jette sur lui qu'un regard de mépris et d'indignation ; chacun recommande à ses enfans de le fuir ; il est le désespoir de ses maîtres, l'opprobre de son âge, le rebut de ses concitoyens ; et la République voit avec douleur dans son sein cet être indigne de la sainte liberté, et qui n'est fait tout au plus que pour ramper parmi les esclaves des rois.

Jeunes orphelins adoptés par la patrie, heureux héritiers de la gloire et de la liberté conquise par le sang de vos pères, non, vous ne ressemblerez point à ce malheureux enfant ; vous vous souviendrez sans cesse que la patrie vous a recueillis dans son sein ; vous chercherez à reconnaître les bienfaits de cette tendre mère, en profitant de tous les moyens qu'elle vous offre de vous instruire, en travaillant sans relâche à devenir capables de servir un jour la République dans tous les emplois qu'elle destine aux talens et aux vertus. Non, vous ne serez point un odieux fardeau pour cette terre sacrée, qui renferme les ossemens glorieux de vos pères.

A 2

(4)

Déjà plusieurs d'entre vous , par leur bonne conduite et leurs progrès dans les sciences, les arts et les métiers, ont mérité des récompenses publiques et l'honneur d'être présentés à ces magistrats qui voient avec intérêt croître sous leurs yeux les fils de nos braves défenseurs, et qui tous ont pour vous des entrailles vraiment paternelles.

Venez, chers enfans, venez recevoir les prix que vous ont décernés les suffrages de vos instituteurs. Le président de cette assemblée (1), qui fut lui-même, sur les champs de bataille, témoin de la valeur de vos généreux parens, qui peut-être en a vu plusieurs mourir glorieusement à ses côtés, va placer avec attendrissement sur vos têtes la couronne d'encouragement ; il va vous donner le baiser paternel. Hélas ! vous ne le recevrez plus de vos pères ; mais combien leurs mânes vont se réjouir dans leurs tombeaux, d'avoir des fils qui leur ressemblent et qui doivent être un jour l'ornement et le soutien de la République.

Continuez, ah ! continuez à mériter les regards des hommes de bien ; poursuivez avec courage la carrière que vous commencez sous des auspices si favorables. N'oubliez jamais cette cérémonie, où vous aurez obtenu les applaudissemens des magistrats, de vos instituteurs et de tous vos concitoyens. Gardez-

____

(1) Le C. Isoré, ex-député à la Convention.

vous de démentir ce premier succès , et de tromper l'espérance de la nation ; que cette couronne soit le présage de la couronne civique que promet la patrie à quiconque lui rendra d'importans services.

Et vous , citoyens assemblés pour voir couronner les jeunes élèves de la patrie , apprenez aujourd'hui combien les fêtes instituées par la République l'emportent sur celles qu'avait inventées la superstition. Les unes étaient l'ouvrage du charlatanisme des prêtres , qui se jouaient de la crédulité des peuples ; les autres sont fondées sur nos saintes lois , et sur l'intérêt de tous les citoyens. Celles - là frappaient vos yeux et vos oreilles par une pompe stérile et des chants inintelligibles pour vous ; elles ne disaient rien à votre ame : celles - ci parlent à vos cœurs ; elles intéressent la sensibilité paternelle , elles font verser de douces larmes aux tendres mères. Quel spectacle touchant vous offre celle que nous allons célébrer ! une réunion d'enfans aimables , que la patrie , par des distinctions honorables , encourage au travail , à la piété filiale , à l'amour de tous leurs devoirs. Ah ! vous sentez déjà , sans doute , que les fêtes d'un peuple libre ne sont point des spectacles frivoles , mais des fêtes utiles à l'humanité , des cérémonies vraiment saintes , vraiment religieuses , puisqu'elles ont pour objet le culte des vertus , le seul qui soit digne de l'Etre suprême , et qui puisse attirer sur une nation les regards de sa bienveillance paternelle.

A 3

COURONNEMENT DES ÉLÈVES.

ÉCOLE NATIONALE DE LIANCOURT.

CEJOURD'HUI huit germinal, an quatrième de la République française, sur la réquisition faite au directeur de l'école nationale de Liancourt, par l'administration municipale du canton, de concourir à la célébration de la fête de la Jeunesse, avec tous les moyens d'exécution qui se trouvent dans ladite école, et de présenter les élèves de l'établissement qui ont le mieux mérité, tant par leurs progrès dans l'étude des sciences, arts et métiers qu'on y enseigne, que pour leur docilité, leur bonne conduite et leur amour pour la patrie, les directeur, sous-directeur, professeurs et chefs de la force armée de l'école, assemblés à l'effet de porter leurs suffrages sur ceux des élèves qui doivent être les objets intéressans de cette fête et recevoir une récompense publique, ont arrêté unanimement :

1.° Que deux élèves de chaque classe d'arts, sciences et métiers, seraient choisis pour être couronnés, et deux autres pour être nommés après eux avec distinction ;

2.° Que le directeur présenterait à l'administration

municipale les élèves dont les noms suivent ; distingués par classe ;

S A V O I R :

Iere CLASSE. *Mathématiques.*

Jean - François HALLOY,
Anne - Jean - Louis DUROCHER, } *couronnés.*

Pierre - François PICARD,
Eugénie DUBREUIL, } *nommés avec distinction.*

IIe CLASSE. *Dessin et Fortifications.*

François AREMBERG,
Antoine LACOMBE, } *couronnés.*

Charles SCHWARTZBACH,
Charles BERTOU, } *nommés avec distinction.*

IIIe CLASSE. *Grammaire française.*

Antoine HENNETTE,
Louis - Guillaume BOCQUILLON, } *couronnés.*

Pierre BALANGER,
Lambert DESHAYES, } *nommés avec distinction.*

IVe CLASSE. *Écriture.*

Valentin LAMONGARÈDE,
François TOUSSAINT, } *couronnés.*

BIBLIOTHÈQUE ROYALE

Louis BAUGARD,
Pierre - Alexandre BOYENVAL, } *nommés avec distinction.*

Ve CLASSE.　*Musique.*

André - Étienne FACDOUEL,
Charles-Louis-Alexandre CASTAING, } *couronnés.*

Joseph LAMOTTE,
Louis - Antoine TOUCHART, } *nommés avec distinction.*

VIe CLASSE.　*Lecture,* 1.re division.

Jean COCHET,
Jean - Baptiste DUCHEMIN, } *couronnés.*

Adrien PARATTE,
Alexandre DORVILLE, } *nommés avec distinction.*

VIIe CLASSE.　*Lecture,* 2.e division.

Joseph LEBON,
Jean - Pierre ROSNAY, } *couronnés.*

Nicolas DEVILLIERS,
Louis MACRÉ, } *nommés avec distinction.*

VIIIe CLASSE.　*Tactique ou Exercices militaires.*

Gilbert BARDIN,
Silvain BLANCHET, } *couronnés.*

Antoine CARRACHE,
Antoine GAYOT, } *nommés avec distinction.*

IX.ᵉ CLASSE. *Métiers.*

Alexandre DAVOINE,
Jacques - Marie SEIDOUX,   } *couronnés.*
Ambroise MARTIN,

École Primaire de Liancourt.

MAUPIN, fils de la veuve LOUIS,
MONERY fils,
Fréderic PERVILLÉ, fils de Jean-André,
CHÉRON, fils de François,   } *couronnés.*
CHANTREL, fils de Grégoire,
Charles DEPOTY,
BAILLOT,

Signé CROUZET, directeur ; SAUVEUR, sous-directeur ;
CODET, BOURLIER, GAUTHIER, DESBROUSSES,
professeurs ; LARDINOIS, capit. DUBOIS, instituteur.

Vu et certifié véritable, à l'administration municipa'e
du canton de Liancourt, département de l'Oise, l'ordre
du couronnement des élèves ci-dessus et des autres parts
dénommés, ainsi que le d'scours prononcé à cette occasion
par le citoyen Crouzet, directeur de l'école nationale de
Liancourt, dont l'impression a été votée par l'assemblée
générale des autorités constituées et des citoyens dudit

canton , réunis pour la célébration de la Fête de la Jeunesse.

A Liancourt , le 11 germinal , an quatre de la République française , une et indivisible.

ISORÉ, *président.*

BONVAL, *agent municipal de la commune de Liancourt.*

VERNY, *secrétaire en chef.*

HYMNE

DES ÉLÈVES DE L'ÉCOLE NATIONALE DE LIANCOURT.

Cet Hymne doit être chanté tous les matins en forme de prière, avec un accompagnement de musique militaire.

UNE VOIX *(seule)*.

Bénissons l'Être suprême ;
Il veille à notre destin :
Il nous protége , il nous aime ;
Il est le dieu de l'orphelin.

LE CHŒUR.

Dieu , reçois notre simple hommage ;
C'est le tribut des indigens.
Tes dons seuls sont notre héritage ,
Et la reconnaissance est notre unique encens

UNE VOIX *(seule)*.

Nos pères ont perdu la vie
Sous les coups des cruels tyrans ;

Ils ont , pour sauver la patrie ,
Délaissé leurs faibles enfans ;
Mais sur leur tombe auguste et chère
Croît pour nous l'ombre hospitalière,
De l'arbre de la liberté ,
Et dieu daigne servir de père
A leur jeune postérité.

LE CHŒUR.

Dieu , reçois , &c.

UNE VOIX *(seule)*.

Sa justice et sa bienveillance
Nous ont entourés de faveurs ;
Il intéresse à notre enfance
Citoyens et législateurs.
A vos fils , guerriers magnanimes ,
Pour prix de vos exploits sublimes ,
La République ouvre son sein ;
Consolez - vous , chères victimes ,
Nul de nous n'est plus orphelin.

LE CHŒUR.

Dieu , reçois , &c.

UNE VOIX *(seule)*.

Ce dieu, pour tous les biens qu'il nous prodigue en père,
Nous commande d'aimer la patrie et ses lois.

(13)

LE CHŒUR.

Qu'il est doux de chérir une si tendre mère !
Dieu, qu'il nous est aisé d'obéir à ta voix !

UNE VOIX *(seule)*.

Que l'asile où notre jeunesse
Trouva des soins consolateurs,
Soit une école de sagesse,
De travail et de saintes mœurs.
Monument de la bienfaisance,
Qu'il devienne pour l'indigence
Et pour le malheur qui n'est plus,
L'autel de la reconnaissance,
Le sanctuaire des vertus.

LE CHŒUR.

Jurons une haine éternelle
Au joug avilissant des rois,
Et rendons un culte fidelle
Au dieu de l'univers, à la patrie, aux lois.

UNE VOIX *(seule)*.

Daigne exaucer notre jeune âge,
Dieu juste, reçois nos sermens ;
Fais qu'égalant notre courage,
La force devance nos ans.

Nous irons aux champs de la gloire,
De nos parens dignes rivaux,
Nous irons venger leur mémoire,
Ou bien mourir sur leurs tombeaux.

LE CHŒUR.

Nous irons aux champs de la gloire,
De nos parens dignes rivaux,
Nous irons venger leur mémoire,
Ou bien mourir sur leurs tombeaux.

Par le C. CROUZET,
directeur de l'école.

À PARIS, DE L'IMPRIMERIE DE LA RÉPUBLIQUE.
Floréal, an IV.

www.ingramcontent.com/pod-product-compliance
Lightning Source LLC
Chambersburg PA
CBHW051223070726
47595CB00018B/3051